...LITAIRES DE PARIS

...OPINION PUBLIQUE

DOCUMENTS

...profit du Syndicat

...ECRITURES MILITAIRES AUTOUR DE PARIS

Avec une préface de

...LERAND, Député

UN Franc

SIÈGE DU SYNDICAT

rue Cailloux, à LEVALLOIS-PERRET (Seine)

1890

EUGÈNE SOULIER

LES
SERVITUDES MILITAIRES DE PARIS

DEVANT L'OPINION PUBLIQUE

DOCUMENTS

Publiés au profit du Syndicat

POUR LA SUPPRESSION DES SERVITUDES MILITAIRES AUTOUR DE PARIS

Avec une préface de

M. MILLERAND, Député

Prix : UN Franc

SIÈGE DU SYNDICAT :

103, rue Fazillau, à LEVALLOIS-PERRET (Seine)

1890

Paris, 28 décembre 1889.

A Monsieur Eugène SOULIER,

Conseiller d'arrondissement du canton de Neuilly.

Mon cher Conseiller,

J'ai lu, avec grand intérêt, le rapport que vous avez adressé au ministre de la guerre sur le régime des servitudes militaires autour de Paris.

Il était impossible de mettre plus clairement en lumière l'illégalité du régime auquel sont arbitrairement soumis les habitants de la périphérie parisienne. Le syndicat qui lutte si énergiquement, sous votre présidence, pour la suppression de la zone militaire autour de Paris, pose nettement la question devant l'opinion publique.

Tous les lecteurs de bonne foi, après avoir pris connaissance de votre travail, jugeront qu'il ne comporte qu'une solution : celle-là même que vous lui donnez.

Mais, du jugement public à sa ratification par les bureaux, il y a plus loin que de la coupe aux lèvres; vous en savez quelque chose.

Cette lenteur si irritante, ces retards si préjudiciables doivent-ils vous faire déserter la lutte que vous soutenez depuis si longtemps contre les vexations mesquines et les tracasseries quotidiennes de l'administration militaire? Aucun des membres du syndical ne le pense et leur président moins que personne.

Votre brochure ne doit pas être une fin, mais le début, au contraire, d'une campagne nouvelle poussée avec plus de résolution que jamais.

Quelle que soit la forme qu'elle prenne, que vous appeliez les tribunaux compétents à prononcer sur l'illégalité des mesures dont le génie se fait chaque jour l'exécuteur ou que vous portiez la question devant le Parlement, vous pourrez compter, mon cher ami, sur l'appui des élus du département de la Seine et, en particulier, sur le concours de

Votre tout dévoué,

A. MILLERAND,

Député de la Seine.

SYNDICAT

POUR LA

Suppression de la zone militaire autour de Paris

RAPPORT

Demandé par M. DE FREYCINET, Ministre de la guerre,

SUR LE RÉGIME DES SERVITUDES MILITAIRES AUTOUR DE PARIS

Levallois-Perret, le 16 septembre 1889.

MONSIEUR LE MINISTRE,

Lors de l'audience que vous avez accordée, le 7 de ce mois, à la députation de la Seine et aux délégués élus du syndicat, vous m'avez fait l'honneur de me charger de vous présenter, à bref délai, un rapport sur le régime des servitudes militaires autour de Paris.

Dans un aussi court délai de huit jours, je n'ai pu, Monsieur le Ministre, et vous le comprendrez sans peine, recueillir auprès des maires de la périphérie toutes les délibérations votées sur la question des servitudes militaires et le dossier joint au présent rapport ne pourra être complété que par la suite. Néanmoins, j'ai réuni sous vos yeux un ensemble de vœux et d'extraits qui vous permettront, dès maintenant, de vous faire une opinion sur la justesse des revendications dont la députation de la Seine et le syndicat se sont faits l'écho devant vous.

Historique et Législation

La suppression des servitudes militaires est une des principales revendications de la banlieue de Paris. Inscrite sur tous les programmes politiques depuis des années, elle reparaît sans cesse à l'ordre du jour de l'opinion publique « parce « qu'elle est de celles dont on peut dire, avec M. Adolphe « Roussilhe, qu'elle s'imposera au gouvernement, tant qu'elle « n'aura pas reçu la solution que l'équité commande et que la « loi prescrit ».

Les propriétaires des terrains qui touchent au mur de Paris, en butte aux tracasseries vexatoires et incessantes de l'administration militaire, se proposaient, si le ministre de la guerre n'avait pas donné tout récemment des ordres suspensifs, de demander à la justice de leur pays si la situation intolérable qui leur a été faite jusqu'ici résultait bien de la loi ou des procédés arbitraires du génie.

La question est donc très grave, puisque la légalité des servitudes dans la zone unique de 250 mètres autour de Paris donne lieu à des controverses multiples. Elle mérite bien, Monsieur le Ministre, l'examen personnel et approfondi auquel vous avez décidé de la soumettre de votre part.

La loi du 8 juillet 1791 est la première qui ait imprimé un caractère légal aux servitudes militaires dans notre pays. Elle dit :

ART. 2. — Ne seront réputés places de guerre et postes militaires que ceux énoncés au tableau annexé au présent décret.

ART. 4. — Nulle construction de nouvelles places de guerre ou postes militaires et nulle suppression ou démolition de ceux actuellement existants ne pourront être ordonnées que d'après l'avis du conseil de guerre confirmé par un décret du Corps législatif, sanctionné par le roi.

Le but de ces dispositions est indiqué dans le rapport :

« De donner des garanties aux finances de l'État, pour le « maintien du système de défense du pays et contre les dé- « penses exagérées qui pourraient résulter d'une législation « moins sévère et moins scrupuleuse, et, en même temps, de pour- « voir aux intérêts particuliers, en ne permettant pas que des « servitudes puissent être établies autrement que par une *loi*. »

La loi du 17 juillet 1819 modifia, en les adoucissant, certaines rigueurs que les luttes héroïques de 92 avaient rendues nécessaires.

L'article 1er de cette loi est ainsi conçu :

ART. 1er. — Lorsque le roi aura ordonné, soit des constructions nouvelles de places de guerre ou postes militaires, soit la *suppression* ou *démolition* de ceux actuellement existants, soit des changements dans le classement et dans l'étendue des dites places ou postes, les effets qui résulteraient de ces mesures dans l'application des servitudes imposées à la propriété en faveur de la défense, par la loi du 10 juillet 1791, ne pourront avoir lieu qu'en vertu d'une ordonnance du roi publiée dans les communes intéressées et d'après les formules prescrites par la loi du 8 mars 1810.

Les dispositions protectrices de la loi de 1791 furent considérées comme abrogées par les chartes impériales et le *classement* put avoir lieu en vertu d'une ordonnance royale publiée dans les communes intéressées.

Vint ensuite la loi du 3 avril 1841 sur les fortifications de Paris, présentée par le gouvernement de Louis-Philippe.

L'article 7 de cette loi est ainsi conçu :

ART. 7. — La ville de Paris ne pourra être *classée* parmi les places de guerre du royaume qu'en vertu d'une *loi spéciale*.

Et l'article 8 :

La zone des servitudes militaires, *telle qu'elle est réglée par la loi du 17 juillet 1819*, sera seule appliquée à l'enceinte continue et aux forts extérieurs ; cette zone unique de 250 mètres sera mesurée sur les capitales des bastions à partir de la crête de leurs glacis.

A la Chambre des pairs, le rapporteur, M. le général Gourgaud, disait ceci :

« Paris pourra toujours être armé à temps, mais cette ville, « même armée de ses canons, ne deviendra place de guerre « *qu'en vertu d'une loi spéciale*.

« Ainsi le veut l'article 7 de la loi du 3 avril 1841.

« Cet article affranchit, en temps de paix, la capitale des « conditions auxquelles nos places de guerre sont ordinaire- « ment soumises, c'est-à-dire de certaines servitudes exté- « rieures et intérieures. »

(Voir le *Moniteur* du 10 juin 1845.)

Paris est donc et demeure *ville ouverte*.

Comment peut-on prétendre qu'en l'absence de tout classement légal et régulier les servitudes militaires existent en droit ?

Le tableau de classement annexé à la loi du 10 juillet 1851 porte bien le nom de Paris, mais Paris n'y figure que pour mémoire.

Le rapporteur, M. de Bussières, fait ressortir cette situation en ces termes :

« L'enceinte continue de Paris et le système de forts déta- « chés qui l'environne sont inscrits au tableau, mais seulement « pour mémoire et sans que, de cette inscription, il puisse « sortir d'autres conséquences que celles qui résultent des « articles 7 et 8 de la loi du 3 avril 1841. »

Pour être plus précis, M. le rapporteur ajoute :

« L'inscription pour mémoire de Paris et des forts n'est donc « point un classement, il ne peut être fait que par une loi « spéciale. »

Du reste, l'article 6 de la loi du 10 juillet 1851 l'exprime en termes formels :

ART. 6. — Le classement des places de guerre ne pourra être modifié qu'en vertu d'une loi.

Enfin, le décret impérial du 10 août 1853 confirme le dispositif de la loi précédente. Sur le tableau de classement y annexé, la mention de Paris s'y trouve accompagnée des mêmes réserves et des mêmes restrictions ; les mots *pour ordre* remplacent pour mémoire et ont absolument la même signification.

D'où il suit que les gardes du génie qui, jusqu'à ce jour, ont démoli des maisons et arraché des haies, en vertu de l'article 8 de la loi du 3 avril 1841, ont commis des illégalités monstrueuses, car, si l'article 8 de cette loi délimite, en effet, l'étendue de la zone militaire, ce n'est qu'après qu'une *loi spéciale*, exigée par l'article 7, sera votée.

Or, la loi spéciale n'a même pas encore été présentée, après trente-sept années de régime provisoire et arbitraire.

L'affirmation qui précède est tellement exacte que, de 1841 à 1853, c'est-à-dire pendant quinze années, des constructions nombreuses et importantes se sont élevées sur tous les points de la zone, des villages entiers se sont créés, sans qu'aucun procès-verbal soit venu porter atteinte au droit des propriétaires zoniers de jouir de leurs biens.

D'ailleurs, quelles sont, à cette époque, les doléances des suburbains ?

Tous les ans, à chaque session du conseil général de la Seine, des plaintes s'élèvent, *non contre l'interdiction de bâtir*, chacun bâtit comme il veut, mais *contre un état d'incertitude* relativement au sort qui attend ces propriétés zonées et qu'une loi spéciale doit un jour ou l'autre régler définitivement.

Ce qu'on désirait alors, c'était, comme aujourd'hui, que la loi promise soit rendue, et que, si des servitudes devaient être établies, on tienne les engagements pris en indemnisant ceux qui les subiraient.

Les choses allèrent ainsi jusqu'en 1855. Il faut croire qu'à partir de cette époque l'administration trouva le moment venu de déclarer les servitudes militaires établies en fait, car le 24 juillet 1856, le Conseil d'Etat rendit un premier arrêt aux termes duquel le sieur Trézel fut condamné à démolir un immeuble de cinq étages construit dans la zone.

Mᵉ Roussilhe, avocat à la cour, a publié, en 1869, un mémoire dans lequel l'honorable juriste dit que le conseil d'Etat a confondu deux choses en s'appuyant sur l'article 8 de la loi de 1841 dans l'arrêté Trézel : la *délimitation* de la zone des servitudes militaires avec la *création* de ces servitudes elles-mêmes.

« Quoique je délimite à l'avance l'emplacement où doit s'é-
« lever une maison, dit-il, je n'aurai de maison qu'après l'a-
« voir bâtie ; il en est de même ici. La création d'une servitude
« militaire est soumise à l'accomplissement d'une formalité
« préalable et essentielle, le *classement*. Or, Paris n'est pas
« classé ; donc, les servitudes militaires n'existent pas légale-
« ment. »

Et que penser, Monsieur le Ministre, du décret de délimitation du 8 mars 1862 ?

Ce décret règle tardivement l'homologation des plans de délimitation et des procès-verbaux de bornage de la zone.

En le signalant à votre attention, je n'ai d'autre but que de vous montrer, une fois de plus, combien l'administration elle-même, jusqu'en 1862, croyait peu à ce qu'elle appelle aujourd'hui son *droit*, puisque, pendant vingt ans, elle avait négligé de délimiter régulièrement le terrain sur lequel elle prétend aujourd'hui avoir des droits à exercer.

C'est ce qui a encore fait dire au même auteur : « Tant que « la loi réparatrice n'aura pas été votée, les exigences de l'ad- « ministration militaire ne seront pas l'exercice d'un droit, mais « l'abus de la force et la fantaisie de l'arbitraire. »

Depuis l'arrêt Trézel, les contraventions se répètent et à l'il- légalité du principe s'ajoute l'illégalité de l'exécution. On n'est pas plus barbare que dans l'affaire Delbosc.

Par arrêté du conseil de préfecture, du 9 juin 1868, rendu par défaut, le sieur Delbosc, propriétaire à Neuilly, 3 route de la Révolte, était condamné à démolir :

1° Un cabinet d'aisances ;

2° Un petit appentis destiné à resserrer des outils de jardi- nage.

Il fit opposition, le 7 octobre suivant, et, à la date du 17 du même mois, un garde du génie se présente chez le sieur Del- bosc, accompagné du cortège suivant :

1° De M. le maire et de M. le commissaire de police de Neuilly ;

2° D'un peloton de chasseurs de Vincennes, commandé par un officier ;

3° De six sergents de ville ;

4° De six gendarmes ;

5° D'une escouade de quinze ouvriers démolisseurs.

En vain, le sieur Delbosc excipe-t-il de son opposition ; vai- nement proteste-t-il contre cette flagrante violation de domi- cile, on n'écoute rien et les locaux sont pris d'assaut et démolis *manu militari*.

Depuis, le génie exerce en maître sur le terrain de la zone, et des vexations toutes récentes ont provoqué la formation du Syndicat que j'ai l'honneur de présider.

Je n'insisterai pas sur les détails, l'honorable M. Tolain, sé- nateur, s'étant fait, auprès de vous, le défenseur des persécu- tés ; défense qui a amené, de votre part, des ordres répressifs pour lesquels je suis chargé de vous exprimer toute notre re- connaissance.

Permettez-moi, Monsieur le Ministre, de vous faire remar- quer que l'une des sauvegardes de la propriété en France, l'ar- ticle 545 du Code civil, porte : « Que nul ne peut être contraint « de céder sa propriété, si ce n'est pour cause d'utilité publi- « que et moyennant une juste et préalable indemnité. »

Or, cet article, qui est la garantie sacrée de tous les ci- toyens, n'a jamais été pris en considération par les différents décrets ou ordonnances qui ont frappé les propriétés situées dans la zone des servitudes militaires de Paris.

C'est là un des grands griefs contre l'établissement *de fait* des servitudes militaires, griefs qui pourraient disparaître, soit en expropriant, pour utilité publique, les terrains compris dans la zone, soit en établissant une route militaire extérieure, le surplus du périmètre de la zone étant aboli ; soit enfin en sup- primant les servitudes militaires autour de Paris, la zone de 250 mètres étant reconnue insuffisante pour permettre l'usage du tir des armes à longue portée.

Des enquêtes faites auprès de différents services, j'ai pu dresser un aperçu sommaire du régime des servitudes militaires autour de Paris, notamment en ce qui concerne les habitations, la difficulté de la recherche des malfaiteurs, l'insalubrité, la surveillance et l'octroi.

I. — Habitations

Il est de toute évidence que la zone, en vertu des servitudes militaires qu'elle comporte, ne présente comme habitations que des masures, des voitures roulantes, wagons hors d'usage, débits de boissons établis dans de véritables baraques.

Par une conséquence naturelle, ces divers logis sont malheureusement, dans une grande partie, habités par des gens sans aveu, ou ayant même un intérêt quelconque à dissimuler leur présence.

Il s'ensuit que, plus que sur tout autre point, les rixes, les vols, les dilapidations des jardins et des propriétés se présentent fréquemment à proximité.

II. — Difficulté de recherche des malfaiteurs

Il est également facile de se rendre compte que les recherches que l'on peut opérer dans ces diverses demeures sont bien souvent infructueuses.

Quoi de plus simple, en effet, pour un malfaiteur, que de passer d'une baraque dans une autre; de s'installer chez un ami, sous un faux nom, et même de se transporter, en suivant l'enceinte, d'un point à un autre, sans attirer le moindre soupçon, sans laisser aucune trace ?

III. — Insalubrité

En dehors de ces considérations, qui intéressent au plus haut point la sûreté publique (et on peut entendre par là, non seulement celle de la capitale, mais surtout celle de la banlieue), il est important de remarquer combien ces agglomérations sont un foyer de dangers pour l'hygiène. Voyez ces cabanes, leur mode de construction, la façon misérable et sordide dont elles sont entretenues, tant à l'extérieur qu'à l'intérieur.

Une seule visite inopinée, dans n'importe quelle partie de la zone, ne laisserait aucun doute sur ces articulations.

Les mesures que l'autorité administrative peut édicter à ce sujet restent lettre morte devant l'impossibilité matérielle de les faire exécuter.

Les fossés, eux-mêmes, servent de réceptacle aux cadavres d'animaux morts, jetés là, tant de Paris que des communes suburbaines.

IV. — Moralité

Quel spectacle voyons-nous à toutes les barrières, principalement *extra muros?*

La prostitution s'étalant d'une façon permanente, se réfugiant souvent dans les cabarets borgnes des environs; chassée sur un point, elle reparait sur un autre. Réprimée aujourd'hui, elle renaîtra demain.

Le corollaire de tout ceci est qu'avec les filles de mauvaise vie apparaissent en même temps une quantité de garçons sans aveu, de seize à vingt-cinq ans, véritables rôdeurs de barrières, comme on les nomme à juste titre, et qui n'ont d'autres moyens d'existence que le produit de la débauche des femmes, des attaques nocturnes et des méfaits de tous genres.

Toute cette population trouve un asile facile et sûr dans les garnis et hôtels borgnes qui encombrent les barrières et les terrains de la zone.

Les annales judiciaires et la presse offrent des preuves évidentes de ces faits.

V. — Surveillance

Mais, nous dira peut-être Monsieur le Ministre, pourquoi ne pas exercer une surveillance plus sévère, pourquoi ne pas réprimer ces mœurs ?

La raison, la voici :

Il y a une trop grande étendue de terrain à surveiller pour le nombre trop restreint des gardiens *ad hoc.*

Examinez le périmètre des communes, notamment la longueur de l'enceinte pour chacune d'elles, et vous verrez qu'il est matériellement impossible de surveiller ces terrains, à demi déserts, sans négliger le service intérieur de ces mêmes communes, déjà si mal partagées.

VI. — Octroi

Il est évident que l'étendue de la zone, sa solitude relative, ses habitations et ses habitants en partie, offrent à la fraude, en matière d'octroi, un champ fertile et productif dont on ne se fait point faute d'utiliser le sol.

⁂

Je pense, Monsieur le Ministre, que l'ensemble des faits que j'ai l'honneur de soumettre à votre haute appréciation sera de nature à vous encourager à saisir le nouveau conseil supérieur de la guerre de la question de la suppression de la zone unique de 250 mètres autour de Paris.

Résolutions

Laissant de côté les grosses questions de la démolition des anciennes fortifications de Paris et de la suppression des octrois, — réformes que nous désirons cependant vivement, comme tous les patriotes et tous les républicains, — le Syndicat vous prie, Monsieur le Ministre, d'user de votre droit d'initiative :

1º Soit pour saisir directement les Chambres d'une loi réglant définitivement le régime des servitudes militaires autour de Paris, conformément au droit commun ;

2º Soit enfin pour présenter à M. le Président de la République un rapport l'invitant à réduire ou à supprimer les servitudes militaires par un simple décret, par application de l'article 6 de la loi du 10 août 1853, ainsi conçu :

Art. 6. — Lorsqu'il est possible de réduire l'étendue des zones des servitudes du côté de quelques centres importants de population, sans compromettre la défense ou porter atteinte aux intérêts du Trésor, cette réduction est prononcée par décret.

★

En donnant cette satisfaction aux populations de la périphérie, vous accomplirez, Monsieur le Ministre, un grand bienfait, et nous n'entendrons plus dire par ces populations si vaillantes, si républicaines et si rudement éprouvées, que la République ne veut rien faire pour les communes suburbaines que j'ai l'honneur de représenter.

Veuillez agréer, Monsieur le Ministre, l'hommage de mon dévouement très respectueux.

Eugène Soulier,

Président du Syndicat,
Conseiller d'arrondissement.

NOTICE

I. — Causes de la formation du Syndicat

Le Syndicat est né de l'illégalité des servitudes militaires autour de Paris. Il est la juste expression d'intérêts froissés et de droits méconnus ; la démonstration vient d'en être faite dans le rapport qui précède.

Il doit son origine à des circonstances exceptionnelles ; à des vexations ridicules et arbitraires et, disons-le, sans vanité, mais sans faiblesse, à une association de volontés fermement résolues à lutter jusqu'à ce que justice soit rendue.

M. le maire de Bagnolet, M. Péan, conseiller général, M. Tolain, sénateur de la Seine, sont les parrains du Syndicat né au lendemain des mesures rigoureuses dont les zoniers de Bagnolet ont été victimes, de la part des agents du génie militaire, au mois de septembre 1888.

II. — Ce qu'il est et ce qu'il n'est pas

L'administration a tenté, vainement d'ailleurs, de nous assimiler à une Société de marchands de terrains, l'*Union des propriétaires de la zone militaire de Paris*, créée en 1886 et qui n'existe plus aujourd'hui. Cette Société, ou la nôtre, on ne précise pas, et pour cause, aurait acheté à vil prix tous les terrains de la zone et se proposerait de réaliser de beaux millions le jour de la levée des servitudes.

Renseignements pris, le préfet de police a pu écrire au ministre qu'il y avait erreur et que notre Syndicat, composé d'élus de la Seine, d'habitants et de propriétaires zoniers, n'avait rien de commun avec les Sociétés financières d'à côté.

Les propriétaires des terrains compris dans les 250 mètres de la zone le sont de longue date ; leur nombre approche de 2,000 ; cette propriété suburbaine est très morcelée et divisée, à l'heure actuelle, en un nombre de mains tel qu'elle ne peut donner lieu à l'immense accaparement auquel nous faisons allusion.

III. — Comment il fonctionne

Le Syndicat est composé de l'ensemble des sections ou communes adhérentes.

Ces sections sont autonomes ; elles nomment leur bureau, s'imposent des cotisations mensuelles et versent au comité de direction du Syndicat un impôt de capitation de 50 0/0 de leurs ressources locales.

Le Comité de direction organise et administre les sections.

Chaque année, il remet ses pouvoirs à l'assemblée générale des adhérents. Il peut s'adjoindre toute personne pouvant aider au but commun, qui est la poursuite de la levée des servitudes militaires autour de Paris.

Le bureau du Comité de direction a mandat impératif de réclamer des pouvoirs publics une solution équitable de cette revendication suburbaine inscrite sur tous les programmes. Revendication réclamée à plusieurs reprises par les conseils municipaux des communes d'Aubervilliers, Bagnolet, Boulogne-sur-Seine, Clichy, Gentilly, Issy, Levallois-Perret, les Lilas, Malakoff, Montreuil, Montrouge, Neuilly-sur-Seine, Pantin, Pré-Saint-Gervais, Saint-Ouen, Saint-Denis, Vanves, Vincennes et le conseil municipal de Paris lui-même, qui demande en plus la démolition du mur d'enceinte.

Sans compter les vœux incessants des conseils d'arrondissement de Saint-Denis et de Sceaux et ceux du conseil général de la Seine, vœux qui ont été centralisés et remis entre les mains du ministre de la guerre par les soins du Syndicat.

IV. — Travaux du Syndicat depuis sa fondation jusqu'au 31 décembre 1889

1. — 24 *octobre* 1888. — Réunion, salle Beethoven. Vote de l'ordre du jour suivant :

« Les habitants de la zone des servitudes militaires autour « de Paris, réunis salle Beethoven, le mercredi 24 octobre 1888 : « Considérant que la suppression des fortifications de Paris « est d'intérêt général et d'utilité publique,

« Prient les élus de la Seine de faire des démarches auprès
« du ministre de la guerre pour obtenir qu'il étudie à nouveau
« cette question ;
« Et donnent mandat à une délégation de cinq membres
« pour réclamer l'intervention énergique de leurs représen-
« tants. »

2. — 5 *novembre* 1888. — Dépôt de la pétition ci-après
en trois exemplaires, à la Chambre des députés (renvoi
au ministre compétent), au conseil municipal de Paris
(avis favorable), au conseil général de la Seine (avis favorable):

Syndicat pour la suppression de la zone militaire

PÉTITION

*Monsieur le Président du Conseil municipal
de Paris,*

Levallois, le 5 novembre 1888.

MONSIEUR LE PRÉSIDENT,

Les soussignés, membres et délégués du Syndicat pour la
suppression des fortifications et des servitudes militaires autour de Paris,

Vu la délibération du conseil municipal de Paris, en date du
11 juin 1883, demandant au gouvernement la désaffectation du
mur d'enceinte, sa cession à la Ville et la suppression de la
zone militaire;

Vu les vœux réitérés de tous les corps élus de la Seine, récla-
mant la démolition du mur d'enceinte et la réorganisation de
la défense de Paris;

Vu l'excessive densité de la population parisienne, l'urgence
de la construction de logements bon marché et à proximité de
la capitale, et l'amélioration des voies de communication entre
Paris et les communes suburbaines;

Vu la réponse évasive du ministre de la guerre à une lettre
du Syndicat, lui demandant son avis sur cette question;

Pour ces motifs:

Les soussignés, régulièrement élus à cet effet, à la réunion
tenue salle Beethoven, le 24 octobre dernier,

Ont l'honneur de demander au conseil municipal de Paris,
au conseil général de la Seine et à la Chambre des députés de
vouloir bien reprendre les négociations officielles en vue d'arriver à une entente définitive sur la question de la démolition
des fortifications et de la suppression de la zone militaire autour de Paris.

Veuillez agréer, Monsieur le Président, l'expression de nos
sentiments les plus distingués.

(Suivent les signatures.)

3. — *29 octobre* 1888. — Audience à la Chambre des députés.

4. — *7 novembre* 1888. — Audience au ministère de la guerre. Promesse formelle du ministre. qui charge le président du Syndicat de lui faire un rapport et de centraliser les délibérations des corps élus de la Seine.

5. — *16 novembre* 1888. — Remise au ministre du rapport et des dix-neuf délibérations des communes limitrophes de Paris.

6. — Réponse du chef de cabinet du ministre à une lettre du président :

MINISTÈRE
de la
GUERRE
—

CABINET DU MINISTRE

Paris, le 26 décembre 1888.

Monsieur le Président,

Vous m'avez transmis dernièrement un certain nombre de délibérations prises par le conseil général de la Seine et les conseils municipaux de différentes communes suburbaines tendant à la suppression des servitudes autour de Paris.

J'ai l'honneur de vous faire connaître que, dès le 29 novembre dernier, M. le gouverneur militaire de Paris a été invité, par mes soins, à faire étudier d'urgence la question de la création de polygones exceptionnels dans la zone unique des servitudes de l'enceinte de cette ville.

Recevez, Monsieur le Président, l'assurance de ma considération très distinguée.

Le Ministre de la guerre,
Pour le Ministre et par son ordre :
Le général, chef du cabinet,

Signé : Général BRAULT.

7. — Lettre du président au ministre de la guerre :

Levallois, le 1er mars 1889.

Monsieur de Freycinet, Ministre de la guerre,

Monsieur le Ministre,

Le comité de direction du Syndicat pour la suppression de la zone militaire autour de Paris, dans sa réunion du mardi 26 février, m'a chargé, par un vote unanime, de vous transmettre en son nom toutes ses félicitations pour votre heureux maintien au ministère de la guerre.

Il m'a prié, en outre, de vous rappeler notre dernière entrevue, à l'issue de laquelle, vous tenant le même langage qu'à M. Floquet, je vous ai personnellement déclaré qu'un des moyens de faire échec au boulangisme dans la banlieue de Paris était de signer la suppression de la zone militaire. C'était une satisfaction accordée aux 600,000 habitants de la périphérie parisienne, régis encore actuellement par une loi provisoire datant de 1871, et qui viennent de témoigner leur mécontement comme vous le savez.

Le comité de direction du Syndicat proteste à nouveau, Monsieur le Ministre, contre des autorisations et des prohibitions de construire qui se contredisent capricieusement comme par le passé et jettent la perturbation dans l'esprit des riverains zoniers de notre région.

Des permissions sont accordées par le génie militaire à Aubervilliers, à Boulogne et à Neuilly par exemple, et refusées à Levallois.

Le Syndicat tout entier s'émeut de la non-exécution des dispositions libérales que vous aviez bien voulu nous faire espérer, en présence de la députation de la Seine.

Je viens, en vous les rappelant très respectueusement, vous prier de vouloir bien nous faire savoir quel a été l'avis du comité technique du génie et de M. le gouverneur militaire de Paris sur la possibilité de créer les polygones exceptionnels que vous avez proposés, dès le 29 novembre dernier.

Dans l'attente d'une communication de votre part, que je m'empresserai de transmettre aux intéressés, je vous prie d'agréer, Monsieur le Ministre, l'expression de ma plus haute considération.

Le Président,

EUGÈNE SOULIER,

Conseiller d'arrondissement du canton
de Neuilly.

8. — Demandes successives d'audiences restées sans réponse de l'administration.

Le 29 avril 1889, le président du Syndicat est appelé auprès du général Mencier, directeur du génie, chargé de lui faire savoir verbalement que rien ne sera changé à l'état de choses actuel, d'après l'avis des bureaux, à moins qu'une loi nouvelle n'intervienne.

Entre temps, M. Yves Guyot, ministre des travaux publics, reçoit la commission du conseil municipal de Paris chargée de demander la désaffectation du mur d'enceinte. Pour toute réponse, il la prie de s'adresser au ministre compétent.

Cette commission, élue le 26 février 1889, se compose de MM. Jacques, Champoudry, Benon, Simoneau, Léon Donnat, Brousse et Duplan.

9. — Suite donnée, par la Chambre, à la pétition du 5 novembre 1888 :

M. MERILLON, *rapporteur*.

Pétition n° 1808. (Déposée par *M. Achard*, en son nom et au nom des membres de la députation de la Seine.)

Le Syndicat pour la suppression des servitudes militaires autour de Paris demande que les négociations officielles soient reprises en vue d'arriver à une entente définitive sur la question de la suppression de la zone militaire autour de Paris.

Motifs de la commission. — Les honorables députés de la Seine, qui ont déposé la pétition, ont fait une démarche dans le même but auprès de M. le ministre de la guerre. M. le ministre de la guerre leur a donné l'assurance qu'il allait personnellement étudier la question. Satisfaction est donnée par suite à la pétition, qu'il y a lieu de renvoyer simplement à M. le ministre de la guerre. (*Renvoi au ministre de la guerre.*)

10. — *29 novembre* 1889. — Réunion du Comité de direction à Levallois-Perret. L'ordre du jour suivant est voté par acclamation :

« Le Comité de direction du Syndicat pour la suppression
« des servitudes militaires autour de Paris, réuni en séance
« ordinaire, salle Barbot, à Levallois-Perret, le vendredi
« 29 novembre 1889;
« Vu les promesses formelles du ministre de la guerre d'apporter des tempéraments au régime actuel desdites servitudes;
« Attendu qu'aucune satisfaction n'a encore été donnée sur
« ce point aux légitimes revendications des conseils municipaux et de tous les habitants de la banlieue de Paris,
« Décide qu'un grand **meeting** sera organisé d'urgence pour
« démontrer aux pouvoirs publics la nécessité de résoudre enfin
« cette question. »

11. — *22 décembre* 1889. — Assemblée générale du Syndicat, à Malakoff. Vote des résolutions ci-dessous :

« Les habitants et propriétaires de la zone des servitudes
« militaires autour de Paris, réunis Grand Salon de l'Union,
« n° 56 avenue Pierre-Larousse, à Malakoff (Seine), à 2 heures
« de l'après-midi, le dimanche 22 décembre 1889;
« Considérant qu'en droit les servitudes militaires autour de
« Paris sont illégales;
« Que les propriétaires zoniers sont fondés à réclamer des
« indemnités, en vertu de l'article 545 du Code civil;
« Que, malgré les promesses formelles de M. de Freycinet,
« ministre de la guerre, aucun tempérament n'a été apporté au
« régime actuel des servitudes militaires de Paris;

« Que la levée de ces servitudes s'impose au nom de la
« sécurité publique, de la justice et de l'équité ;
« Invitent les pouvoirs publics à en délibérer et décident
« qu'un grand *meeting* de protestation sera organisé d'ur-
« gence afin de créer un courant d'opinion favorable à la solu-
« tion de cette question ;
« A l'unanimité, déclarent donner pleins pouvoirs au bu-
« reau du syndicat pour user de diligence auprès de qui de
« droit. »

VIII. — La personnalité de M. de Freycinet doit être dégagée de toute suspicion. — Le ministre croit régner et les bureaux gouvernent.

Nous ne laisserons pas dire que cette publication vise la
personnalité de M. de Freycinet, ministre de la guerre,
dont la bonne volonté ne fait pas de doute pour ceux qui
l'ont approché et qui ont eu l'honneur de l'entretenir plusieurs fois de cette question.

Si M. de Freycinet avait pu imposer sa volonté à ses
bureaux, tous les tempéraments compatibles avec les néces-
sités de la défense seraient apportés depuis longtemps au
régime actuel des servitudes.

Il a donné des ordres suspensifs au génie, et, pendant un
mois environ, aucun procès-verbal n'a été dressé. L'idée
personnelle du ministre était de faire quelque chose ; les
comités techniques consultés en ont décidé autrement :
eux seuls sont donc responsables devant l'opinion publique.

IX. — Enseignements que nous devons tirer des résultats négatifs d'une année de lutte.

Devons-nous, après une année d'efforts, en apparence
stériles, déserter la lutte et douter, non seulement de la
justice du gouvernement de la République, mais de nous-
mêmes ?

Nous ne le croyons pas.

Cette publication en est une preuve et notre dernière
parole à nos lecteurs sera un appel énergique à la reprise
du combat.

Ce livre doit être comme un retentissant **garde à vous**
destiné à réveiller les énergies tombées.

Nous avons pour nous le *droit* et la *force* : deux choses
qui, associées et étroitement unies, doivent un jour ou

l'autre avoir raison des bureaux routiniers et d'un Conseil d'Etat véritablement républicain.

Le *droit*, nous pensons l'avoir établi au grand mécontentement du *fait*; la *force*, nous l'aurons, compacte, absolue, grandiose, invincible, le jour où nous aurons mis de notre côté : la presse qui crée les grands courants d'opinion ou qui leur fait obstacle et la Chambre des députés, lorsqu'elle voudra bien écouter les clameurs des humbles et des petits.

EUGÈNE SOULIER.

La présente brochure se trouve dans toutes les mairies de banlieue et chez tous les marchands de journaux.

678. — PARIS, IMP. J. KUGELMANN, 12, RUE DE LA GRANGE-BATELIÈRE.

www.ingramcontent.com/pod-product-compliance
Lightning Source LLC
Chambersburg PA
CBHW070753280326
41934CB00011B/2914